KB235232

논리적 사고를
키워주는 인성문고

꽃보다 예쁜 마음

글·소중애 외

청소년인성문고편찬회

꽃 씨 1

꽃씨 몇 알을
땅에 묻는다.

싹이 터 자라면
더 많은 씨앗을 거두겠지.

우리들 가슴에도
씨앗을 심자, 사랑의 씨앗을.

싹이 터 자라서
크나큰 사람이 되게.

김 종 상

마음을 맑고 밝게

　요즘 어린이들은 버릇이 없다고 말합니다. 버릇만 없는 게 아니라, 옳은 일과 그른 일을 분별할 줄 모릅니다.

　이 책의 이야기는 짧지만, 착하고 올바른 행동이 나쁜 마음을 몰아 낸다는 생각이 잔뜩 담겨 있어서, 이 책을 다 읽고 난 어린이는 틀림없이 착하고 예쁘고 곧은 성격으로 바뀔 것입니다.

　이 책에는 이야기만 실려 있는 것이 아닙니다. 여러분의 잘못된 행동을 반성하게 하고 앞으로의 계획까지 세워 보게 하도록 되어 있습니다.

　어린이들은 이 다음에 우리 나라를 이끌어 나갈 보배랍니다. 보배는 속에 더러운 때가 끼어 있지 않고 반짝반짝 빛나야 합니다.

　여러분은 지금 보배가 되기 위하여 노력하고 있는 중입니다. 그러므로 여러분은 지금부터 열심히 마음과 몸을 닦아야 합니다. 책을 읽으면 올바른 생각을 할 수 있는 마음이 길러집니다.

　이 책을 다 공부한 다음 부모님과 선생님, 그리고 이웃 사람들이 깜짝 놀랄 정도로 정직하고 바른 어린이가 되어 있길 바랍니다.

지은이 씀

차 례

❈ 이 책을 읽는 여러분에게 ❈

- 글을 읽을 때 누가, 왜, 이런 행동을 했는가를 생각합니다.
- 이야기를 읽은 후 나도 주인공과 같은 행동을 하였는지 자신을 되돌아봅니다.
- 이야기를 읽고 앞으로의 계획도 세워 봅니다.
- 물음에 대한 답은 길게 쓰지 않아도 됩니다.
  꼭 필요한 대답만 쓰도록 합니다.
- 미루다가 한꺼번에 하지 않도록 합니다.

별이 된 어미닭과 병아리

옛날 태국이라는 나라의 어느 마을에 할아버지와 할머니가 살고 있었습니다.

이 할아버지와 할머니는 아들도 딸도 없는 외로운 부부였습니다.

다른 집들은 땅이 있어서 농사를 지었지만, 할아버지와 할머니는 손바닥만한 땅도 없었습니다. 그래서 남의 집 일을 해 주면서 어렵게 살아갔습니다.

할아버지와 할머니는 암탉 한 마리를 키우고 있었습니다.

두 노인은 암탉 키우는 재미로 살았습니다.

봄이 되자 암탉이 병아리를 깠습니다.

"한 마리, 두 마리, 세 마리……."

모두 여섯 마리였습니다.

병아리는 하루 종일 어미닭만 종종종 따라다녔습니다.

그런데 큰일이 났습니다.

이 동네에서는 일 년에 한 번씩, 농사를 잘 짓게 해 주신 신에게 제사를 지냅니다. 마을 사람들은 이 날만 되면 정성껏 음식을 바칩니다. 바로 그 날이 돌아온 것입니다.

할아버지와 할머니는 머리를 맞대고 의논하였지만 바칠 만한 음식이 없었습니다. 할아버지는 마침내 할머니에게 이렇게 말했습니다.

"할 수 없소. 저 암탉을 잡아서 바치는 수밖에."

"엄마 잃은 병아리들은 어떻게 하구요?"

"우리가 잘 해 주는 수밖에."

할아버지와 할머니가 나누는 이야기를 암탉과 여섯

마리의 병아리들이 들었습니다.
  암탉이 병아리들을 보고 말했습니다.
  "나는 이제 죽어야 할 몸이다. 너희들은 부디 할아

버지와 할머니를 잘 따르거라. 너희들 멋대로 밖으로 나가지 말아라. 밖에는 너희들을 해치는 짐승들이 너무나 많단다."

"삐약삐약!"

"싫어 싫어!"

"우린 엄마가 있어야 해!"

병아리들이 서럽게 울었습니다.

암탉은 귀여운 여섯 마리의 병아리를 품에 꼭 품었습니다.

달님이 오랫동안 암탉을 비추어 주었습니다.

날이 밝았습니다.

할아버지가 가마솥에 물을 끓였습니다. 암탉을 잡을 물이었습니다.

암탉은 마지막으로 마당을 돌아다녔습니다. 여섯 마리의 병아리들이 엄마 뒤를 졸래졸래 따라다녔습니다.

할머니가 치마로 눈물을 닦았습니다.

"암탉아, 미안하다."

할아버지가 암탉의 날갯죽지를 잡았습니다. 그리고
는 끓는 물에 천천히 집어 넣었습니다. 암탉이 서서
히 죽어 가고 있었습니다.
그 때였습니다.
가마솥 옆에서 암탉이 죽는 모습을 본 병아리들이

♥ 병아리들은 어떻게 되었습니까?

포르르 포르르 가마솥으로 뛰어들었습니다. 할아버지
와 할머니가,
"앗!"
하고 소리쳤을 때는 이미 여섯 마리의 병아리가 모
두 가마솥으로 들어간 뒤였습니다.
이렇게 하여 암탉과 여섯 마리의 병아리들은 모두

죽고 말았습니다.

하늘에 계시는 신이 이 사실을 모두 알았습니다.

"여섯 마리의 병아리들의 효성을 사람들은 본받아야 한다."

신은 암탉과 병아리들의 죽은 넋을 하늘로 불러들였습니다.

"너희들은 별이 되어 영원히 함께 행복하게 살아가거라!"

신의 말대로 암탉과 여섯 마리의 병아리는 별이 되었습니다.

깜깜한 하늘을 올려다보세요.

지금도 반짝반짝 빛나는 일곱 개의 별들이 있을 겁니다.

이 별이 바로 북두칠성이랍니다.

♥ 하늘나라의 신은 사람들이 병아리의 어떤 점을 본받아야 한다고 하였습니까?

'효'란 부모님을 잘 모시는 일입니다. 부모님을 정성껏 섬기는 사람을
'효자'라고 합니다. '효'는 사람이 꼭 지켜야 할 예절 중에서 으뜸입니다.

꽃보다 예쁜 마음

경찬이의 부모님은 늦게야 경찬이를 낳았습니다. 부모님은 경찬이 동생을 보고 싶었지만 웬일인지 아기가 생기지 않았습니다.

경찬이는 말 그대로 외동 아들입니다. 아버지와 어머니는 경찬이를 보물 다루듯 키웠습니다.

이렇게 자란 아이들은 대부분 버릇이 없습니다. 이 세상에서 자기가 제일인 줄 압니다.

그러나 경찬이는 달랐습니다. 아버지, 어머니에게 언제나 높임말을 썼습니다. 식탁에서도 어른들이 수저를 들 때까지 기다리고 있었습니다. 공부도 잘 하였습니다.

그런데 이 세상에 걱정 없는 사람은 없습니다. 아무리 행복하게 보이는 사람도 한 가지의 걱정은 있게 마련입니다.

경찬이 부모님도 한 가지 걱정이 있었습니다. 그건 바로 경찬이의 건강입니다.

경찬이는 걸핏하면 감기에 걸렸습니다. 비를 조금만 맞아도, 날씨가 조금만 쌀쌀해도 감기에 걸렸습니다.

"올봄에는 감기와의 전쟁이다. 싸워서 이기자!"

아버지가 달력을 넘기며 말했습니다.

3월이라는 큰 글씨가 한눈에 들어왔습니다.

감기와의 전쟁을 한 보람이 있었습니다. 경찬이는 20일이 지나도록 감기에 걸리지 않았습니다. 그랬는데 바로 어제 그만 감기에 걸리고 말았습니다.

체육 시간에 땀을 많이 흘려 옷을 벗고 있었더니

기다렸다는 듯이 감기가 찾아왔습니다.

경찬이는 학교에 다녀와서 곧바로 병원으로 갔습니다.

"왜 경찬이가 안 오는가 했지."

의사 선생님이 우스갯소리를 했습니다.

♥ 경로석에는 어떤 사람이 앉아야 할까요?

“경찬아, 찬바람 쐬면 안 된다. 택시 타고 가자.”

병원문을 나서며 어머니가 말했습니다.

“엄마, 선생님께서 대중 교통을 이용하라고 그러셨어요. 우리 전철 타요.”

경찬이가 앞장 서서 지하철 역으로 내려갔습니다.

전철 안에는 사람들이 많지 않았습니다. 그런데도 앉을 자리가 눈에 띄지 않았습니다.

“경찬아, 저어기 두 사람 앉을 자리가 있다.”

엄마가 경로석을 가리키며 말했습니다. 경찬이는 얼른 자리에 앉았습니다.

전철이 경복궁 역에 닿았습니다. 사람들이 우르르 탔습니다.

작은 보따리를 든 할머니가 사람들 틈을 비집고 경로석 쪽으로 다가왔습니다.

경찬이는 자리를 양보해야 할지 그대로 자리에 앉아 있어야 할지 망설였습니다.

어머니가 눈치를 챈 모양입니다.

“넌 아프니까 그대로 앉아 있어!”

어머니는 그 대신 옆에 앉은 아가씨를 보고 말했습

니다.

"아가씨, 젊은 사람이 할머니께 자리 좀 양보해 드려요."

"네? 네. 그렇지 않아도 일어서려는 참이었어요."

아가씨는 방긋 웃으며 말했습니다.

♥ 어머니가 아가씨에게 한 행동이 나쁘다고 말할 수 있습니까? 왜 그렇게 생각하나요?

아가씨는 자리에서 얼른 일어나지 못했습니다. 한쪽 다리를 길게 뻗고 한 손으로 의자를 짚고 천천히 몸을 일으켰습니다.

아가씨는 한쪽 다리가 불편한 장애자였습니다.

"아이구! 아가씨, 그냥 앉아 있어. 나는 조금만 가면 내릴 거야."

할머니가 손을 저으며 말했습니다. 그러자 이를 보고 있던 경찬이가 자리에서 벌떡 일어섰습니다.

"할머니, 여기 앉으세요."

"아닙니다. 할머니 여기 앉으세요."

맞은편에 앉아 있던 청년이 할머니의 손을 잡아끌었습니다.

경로석을 바라보고 있던 사람들의 얼굴에 웃음이 가득하였습니다. 엄마는 사과처럼 빠알간 얼굴로 자리에 앉아 있었습니다.

지하철 역을 나서며 어머니가 경찬이에게 머뭇머뭇 말했습니다.

"엄마는 전철 안에서 몹시 부끄러웠단다. 내가 일어서야 하는데…… 경찬아, 그 아가씨 말이야……"

"응. 다리 아픈 누나?"

"그래. 그 아가씨는 마음이 꽃보다 예쁘다. 그렇지?"

"맞아요, 엄마. 마음이 꽃보다 예쁜 누나예요. 나도 누나처럼 할아버지, 할머니를 보면 잘 해 드릴 거예요. 그러면 나도 마음이 꽃보다 예쁜 경찬이가 될 거예요."

"나도 그럴 거다!"

어머니와 경찬이는 손을 힘껏 앞뒤로 흔들며 집을 향하여 걸어갔습니다.

'경로' 란 노인을 공경한다는 뜻입니다. 노인들은 젊어서 우리들을 위해 애쓴 분들입니다. 그러므로 노인들을 정성껏 모셔야 합니다.

명언 한 마디!

부모에게 효도하고 순종한 사람은 또한 효도하고 순종하는 아들을 낳으며, 순종하지 않고 거스르는 사람은 또한 순종하지 않고 거스르는 아들을 낳는다. 믿지 못하겠거든 저 처마끝의 낙수를 보아라. 방울방울 떨어져 내림이 어긋남이 없다.

- 명심보감 -

어버이에게 효도하는 것은 부모의 은혜에 보답하는 길이며 동시에 자식으로부터 효도를 받을 수 있는 지름길이 된다는 것을 가르쳐 주는 말입니다.

강호의 그림

강호는 여덟 살 난 남자 아이랍니다.

강호는 학교에서 돌아오면 엄마 대신 여동생 소희를
돌보아야 합니다. 엄마가 일을 나가시기 때문입니다.

소희는 집 안에 있으려고 하지 않았습니다.

"오빠, 놀이터에 가자!"

"오빠, 소꿉놀이 하자!"

강호는 언제나 '싫어.' 하고 말하지 않는답니다.

‘학교 숙제는 언제 하지?’
하고 걱정을 하면서도 말입니다.

그런데 오늘 숙제는 다른 날과 다릅니다. 책을 읽고 쓰는 숙제가 아닙니다.

옛날 임금님이 사셨던 경복궁을 견학한 다음, 그림으로 그리는 숙제입니다. 이 숙제를 하려면 엄마와 같이 경복궁에 가야만 합니다.

강호는 숙제를 할 수가 없었습니다.

강호는 소희와 놀면서도 걱정이 많았습니다.

‘아이 참, 숙제를 못 해서 어떻게 하지?’

마침 소희가 잠이 오는 모양입니다. 강호는 소희를 데리고 방으로 왔습니다.

“자장 자장, 우리 소희 잘도 잔다.”

엄마처럼 자장가를 불렀습니다. 소희가 금방 잠들었습니다.

강호는 창문으로 골목길을 내다보았습니다.

저 쪽에서 허리가 굽은 이웃집 할머니가 무거운 짐을 들고 오는 것이 보였습니다.

사람들이 많이 오가고 있었지만, 누구 하나 할머니의

짐을 들어 주는 사람이 없었습니다. 강호는 살며시
밖으로 나갔습니다.
　"할머니, 안녕하세요? 제가 들어다 드릴게요."
　"아이구, 강호로구나! 고맙다, 고마워."
　할머니는 몹시 기뻐하였습니다.

이 할머니는 자식이 없어 혼자 외롭게 살아가고 있었습니다.

강호가 할머니 댁까지 짐을 들어다 드렸습니다. 그러자 할머니가 강호의 손을 잡으며 말했습니다.

"넌 역시 예의바른 아이구나!"

할머니의 눈에 눈물이 괴는 걸 강호는 보았습니다.

밤이 되었습니다.

강호는 쿨쿨 잠이 들었습니다.

"강호야! 강호야!"

누가 강호를 불렀습니다. 강호는 주위를 두리번거렸습니다.

"아, 할머니!"

낮에 짐을 들어 드렸던 할머니가 고운 옷을 입고 서 있었습니다.

"할머니 웬일이세요?"

"이제는 내가 너를 도와 주어야지. 자, 어서 가마에 타거라!"

대문 앞에 멋진 가마가 놓여 있었습니다. 가마꾼도

있었습니다.
　"옛날 임금님이 타시던 가마란다."
　강호는 가마를 탔습니다.
　가마꾼들이 달리기 시작하였습니다. 어찌나 빨리
달리는지 떨어질 것 같았습니다.

금방 경복궁에 도착하였습니다.

할머니는 아는 것이 많았습니다.

“여기는 임금님이 나랏일을 보시는 곳이었단다. 이 곳은 경회루야.”

“와! 정말 멋져요!”

강호는 탄성을 질렀습니다.

경복궁 안에서는 가야금 소리가 끊임없이 흘러 나왔습니다.

“뚱따다 뚱뚱따따…….”

강호는 할머니와 함께 경복궁 구석구석을 돌아보았습니다.

“자, 이제 돌아가야지.”

강호는 가마를 탔습니다.

가마는 올 때와 마찬가지로 쏜살같이 달리기 시작하였습니다.

“그, 그만…….”

“강호야, 왜 그러니?”

강호는 엄마의 목소리를 듣고 벌떡 일어났습니다.

💙 꿈속에서 할머니는 어떻게 강호를 도와 주었나요?

꿈이었습니다.

꿈 속의 일이었지만 강호는 경복궁의 모습이 또렷이 떠올랐습니다.

강호는 얼른 크레파스와 도화지를 꺼냈습니다.

"아침이 되려면 아직도 멀었는데 조금 더 자거라."

"엄마는 주무세요. 전 그림 그리는 숙제를 해야 되니까요."

강호는 크레파스를 꺼내 슥슥 그림을 그리기 시작하였습니다.

아침 해가 창문을 환히 비추었습니다.

"아, 숙제 다 끝냈다!"

강호는 창문을 활짝 열었습니다.

그 때 어제 본 그 할머니가 이 쪽으로 걸어오고 있었습니다.

"할머니, 안녕하세요?"

"오냐. 잘 잤니?"

해님이 두 사람을 보고 방긋 웃고 있었습니다.

'예절'이란, 예의와 범절을 말합니다, 예의와 범절은 사람이 지켜야 할 도리입니다, 이 도리를 다함으로써 사람은 동물과 구별되는 것입니다,

밤송이에 든 밤

옛날, 어느 마을에 아들 형제를 둔 부부가 살았습니다.

형은 얼굴이 하얗고 코가 오뚝하며 눈도 잘 생겼습니다. 동생은 날 때부터 곱사등이였습니다. 그런데다가 얼굴마저 아주 못 생겼습니다.

동네 사람들은 이 집 식구를 보면 곱사등이 아버지, 곱사등이 엄마, 곱사등이 형이라고 불렀습니다.

형은 이렇게 불리는 것이 싫었습니다.

'병신 동생 때문에 멀쩡한 나까지 병신 취급을 당하는 거야.'

형은 동생이 집을 나가 길을 잃어버리든지, 큰 병에 걸려 죽기를 바랐습니다. 그리고 걸핏하면 동생을 구박하였습니다.

"너 같은 장애자가 내 동생이라니……. 창피하다, 창피해!"

형제는 성격이 반대였습니다.

형은 심술꾸러기인데다 빈둥빈둥 놀기를 좋아하였습니다. 그러나 동생은 마음씨 착하고 늘 부지런하였습니다.

형과 동생은 산에 나무를 하러 가는 일이 많았습니다. 형은 산에만 가면 배가 아프다고 엄살을 부렸습니다. 그러면 동생이 이렇게 말하였습니다.

"형, 내가 나무를 할 테니까 형은 시원한 곳에 가서 누워 있어."

형은 신이 났습니다.

곱사등이인 동생이 나무를 하는 동안, 형은 온갖

나쁜 장난을 치며 돌아다녔습니다.
　형은 돌멩이로 까치를 잡아 날개를 무참히 꺾어
놓았습니다. 함정을 파서 토끼를 골려 주었습니다.

여기저기 돌아다니며 나무껍질을 홀랑 벗기고 상처도 냈습니다. 그래서 숲 속 친구들은 모두 형을 미워하였습니다.

세월이 흘러 형이 장가를 가게 되었습니다.

동생은 무척 기뻤습니다.

"형이 장가를 가면 돈이 많이 필요할 거야. 형에게 비단옷을 해 주려면 나무를 많이 해서 시장에 내다 팔아야 해."

동생은 부지런히 나무를 하러 다녔습니다.

그 날도 동생은 산에 나무를 하러 갔습니다. 한참 나무를 하다 보니 피곤하였습니다.

동생은 나무 그늘 아래 누웠습니다. 그런데 바로 옆 가시 덩굴 속에서 소곤소곤 말소리가 들려 왔습니다.

동생이 살금살금 다가가서 보니 숲 속에 사는 도깨비들이었습니다.

"심술쟁이 형이 장가를 간다는군."

"잘 됐네. 우리 이 기회에 그 성미 고약한 녀석을 아주 혼내 주세."

　동생은 가슴이 콩닥콩닥 두근거리고 다리가 덜덜 떨렸습니다. 그래도 정신을 바짝 차리고 도깨비들의 말을 엿들었습니다.

　"그 녀석이 지나가는 길가 우물에 약을 타 놓겠어. 그 약을 먹으면 배가 아파 꼼짝도 못하지."

　"난 초례를 치를 때 신랑이 서 있는 자리 밑에 날카로운 가시를 촘촘히 박아 놓겠어."

　"히히히 헤헤헤."

　도깨비들은 신이 났습니다.

　동생은 도깨비들의 말을 잘 기억해 두었습니다.

　드디어 결혼식이 다가왔습니다.

　옛날에는 신랑이 신부의 집으로 가서 혼례를 치렀답니다. 그래서 형도 신부집으로 떠날 차비를 하였습니다.

　"형, 내가 형이 타고 가는 말고삐를 잡을 테야."

　동생이 앞으로 나서며 말했습니다. 그러자 형이 안 된다고 펄쩍 뛰었습니다. 곱사등이인 동생을 신부집에 데려가고 싶지 않았기 때문이지요. 그러나 동생은 물러서지 않았습니다.

💙 도깨비들은 형을 어떻게 골려 주겠다고 했나요?

“아냐. 내가 꼭 말고삐를 잡고 갈 거야.”

동생의 고집이 어찌나 센지 아버지도 엄마도 형도 손을 들고 말았습니다.

마침내 형을 실은 말이 신부집을 향하여 길을 떠났습니다. 저 앞에 우물이 보였습니다. 도깨비가 약을 타 놓는다는 바로 그 우물이었습니다.

“목이 마르군. 네가 가서 물 한 바가지만 떠 와.”

“안 돼! 그 물은 먹으면 안 돼.”

동생은 급히 말고삐를 잡아 끌었습니다.

화가 난 형이 동생에게 온갖 욕을 다 하였습니다.
그래도 동생은 가만히 있었습니다.

신부집에는 초례상이 멋지게 차려져 있었습니다.
신랑이 초례상 앞에 서기도 전에 동생이 먼저 초례
상 앞에 섰습니다.

"아니, 저 녀석이!"

형의 눈이 동그래졌습니다.

"아야야 아야야!"

동생의 발에 날카로운 가시가 잔뜩 박혔습니다. 사
람들이 놀라 가시를 몽땅 뽑아 냈습니다.

초례를 다 치른 다음에 동생이 그 동안의 사정을
모두 이야기하였습니다.

형의 얼굴이 사과처럼 붉어졌습니다.

"난 그것도 모르고 너한테 못된 짓만 했구나."

형이 진심으로 사과를 하였습니다.

"괜찮아. 우린 밤송이 안에 든 알밤처럼 같은 부모
에게서 태어난 형제잖아?"

그 후로 두 형제는 사이좋게 지냈습니다.

'우애'란 친한 친구 사이나, 사이좋은 형제를 가리킬 때 쓰는 말입니다. 사람은 누구나 가까운 사람과 정을 나눕니다.

누구 때문이 아니고 나 때문이라고 생각해 보세요.

명언 한 마디!

아들이 효도하면 두 어버이가 즐겁고 집안이 화목하면
만사가 이루어진다.

- 명심보감 -

자식이 부모에게 효도를 극진히 하면 어버이가 즐거워하고
따라서 집안이 화목해져서 모든 일이 잘 이루어진다는 뜻입
니다. 그러므로 효도와 우애로써 화목한 가정을 이루는 일에
힘써야 합니다.

할머니가 된 소녀

성질이 급한 한 소녀가 있었습니다.

이 소녀는 무슨 일이든 빨리빨리 해 주지 않으면 울음을 터뜨렸습니다.

그래서 이 소녀의 집에서는 항상 울음소리가 그치지 않았습니다.

"애야, 무슨 일에나 다 순서가 있는 법이니라."

아버지, 어머니가 아무리 타일러도 듣지 않았습니다.

어느 따뜻한 봄날이었습니다.

한 나그네가 길을 가다가 소녀네 집 대문을 두드렸습니다.

"얘야, 목이 말라서 그러니 물 한 그릇만 줄 수 없겠니?"

소녀는 시원한 물을 한 그릇 떠다가 나그네에게 주었습니다.

“아, 시원하다!”

물을 다 마신 나그네는 호주머니에서 복숭아 씨앗을
하나 꺼내어 소녀에게 주었습니다.

“이 씨앗을 심으면 아주 맛있는 복숭아가 열린단다.”

소녀는 빨리 복숭아를 따 먹고 싶었습니다.

마당에 복숭아 씨앗을 심은 소녀는 안달이 났습니다.

♥ 소녀의 성격은 어떠하였습니까?

"아빠, 왜 빨리 싹이 안 트는 거야?"

"때가 되면 다 싹이 튼단다. 아마 네가 열두 살은 되어야 맛있는 복숭아를 따 먹을 수 있을 거다."

이 소리를 들은 소녀는 그만 병이 났습니다.

"내가 열두 살이 되려면 아직도 5년은 더 기다려야 한단 말이야. 그 때까지 어떻게 기다려?"

"복숭아씨가 싹이 트면 햇빛과 물을 먹고 자란단다. 그런 다음 꽃이 피고 열매가 맺는 거야."

"그런 건 난 몰라. 어서 복숭아를 따 먹고 싶어."

아버지와 어머니가 알아듣기 쉽게 말을 해도 소녀는 듣지 않았습니다.

아버지와 어머니는 할 수 없이 산 속으로 들어가 신령님께 빌었습니다.

"복숭아가 빨리 열리게 해 주십시오!"

일 주일이나 꼬박 기도를 올렸습니다. 그 때 신령님의 목소리가 들려 왔습니다.

"집에 가 보아라!"

아버지와 어머니는 급히 집으로 돌아왔습니다. 하지만 마당에 심은 복숭아 씨앗은 여전히 싹이 트지 않았습니다.

'이상하다? 왜 신령님이 집으로 가라고 하셨지?'

아버지와 어머니는 방으로 들어왔습니다.

그런데 이게 웬일입니까? 소녀가 할머니가 되어 있었습니다.

💙 소녀는 왜 병이 났습니까?

　머리카락은 하얗고 얼굴은 주름살투성이였습니다. 손도 쭈글쭈글하였습니다.

　거울을 본 소녀가 놀라 울음을 터뜨렸습니다.

　"난 아직 어린애란 말이야. 그런데 왜 할머니가 됐어?"

　아버지는 그 때서야 신령님의 뜻을 알아차렸습니다.

　"싹도 나지 않았는데 복숭아를 따 먹으려는 너와 똑같구나."

　"……."

"아기가 태어나서 어린이가 되고, 점점 자라 어른이 되고, 노인이 되는 것처럼 이 세상에는 눈에 보이지 않는 질서가 있단다. 꽃도 피지 않았는데 열매가 맺고, 어른이 되지 않았는데 할머니가 되면 이 세상은 어떻게 되겠니? 그만 뒤죽박죽이 되고 말게다."

아버지의 말을 들은 소녀는 그제야 세상의 모든 일에는 순서가 있다는 것을 깨달았습니다.

그 후에 소녀는 어떻게 되었느냐고요?

물론 할머니의 모습에서 소녀로 돌아왔지요.

♥ 복숭아 씨앗을 심은 다음 복숭아가 열리기까지의 순서를 써 보세요.

우리 주위의 모든 사물에는 차례나 질서가 있습니다. 씨앗을 뿌리면 싹이
나고 자라서 꽃이 피고 열매가 맺습니다. 이 모든 차례가 바로 질서입니다.

우리들의 집

　'아름 동물원'은 아늑한 산 밑에 자리잡고 있습니다. 이 동물원에는 아주 많은 동물들이 살고 있답니다.

　아프리카에서 온 코끼리도 있고, 중국에서 이사 온 판다 가족들도 있습니다. 흰색 바탕에 검은 줄무늬가 있는 백호는 인도에서 왔습니다. 이 밖에도 흰손긴팔원숭이, 하마, 큰곰, 기린 등이 있습니다. 물론 공작새도 있습니다.

‘아름 동물원’에는 사람들이 많이 찾아옵니다. 특히 어린이들이 많이 오기로 유명한 동물원입니다.

어린이들은 재롱을 부리는 아기 동물들을 무엇보다 좋아했습니다.

“난 아기코끼리가 제일 예뻐!”

“아니야, 원숭이가 더 귀여워!”

꼬마 친구들이 서로 우기면 아기코끼리는 나뭇가지로 등을 긁고 작은 공을 코로 뱅글뱅글 돌린답니다.

원숭이는 보란 듯이 이 나뭇가지에서 저 나뭇가지로 옮겨다닙니다. 기린들은 서로 긴 목을 들이대고 힘겨루기를 합니다.

동물들은 사람들이 있을 땐 사이가 좋습니다. 그러나 사람들이 집으로 돌아가고 나면 서로 으르릉거렸습니다.

“오늘은 내가 가장 인기가 좋았어. 사람들이 공작 부인을 우러러보듯 모두들 나를 바라보았어.”

공작새가 날개를 쫙 펼치며 으스댔습니다.

“아이, 시시해. 부채처럼 날개만 접었다 폈다 하면서 뭘 그래?”

아기코끼리가 핀잔을 주었습니다.

원숭이는 낮에 사람들이 준 맛있는 과자를 '냠냠'
먹으며, 속으로 비웃었습니다.

'너희들에게 누가 맛있는 과자를 주기나 하니?'

어느 사이엔가 아름 동물원의 동물들은 저마다

💙 아름 동물원 동물들은 왜 친하게 지내지 않았습
니까?

우쭐해 있었어요.

　'내가 아름 동물원에서 제일 인기가 있어. 내가 없
으면 사람들이 몰려오지 않을 거야.'

　어느 날 밤이었습니다.

　"우르릉 쾅 쾅!"

　천둥이 치고 번개가 번쩍거렸습니다. 판다는 천둥

소리에 놀라 벌벌 떨었습니다.

"나 혼자 자기 무서워요!"

판다가 곰을 찾아갔습니다. 그러자 곰은 냉정하게 말했습니다.

"난 혼자 자는 게 좋아!"

판다는 너무 야속해 울음을 터뜨렸습니다.

원숭이도, 기린도, 백호도 판다를 위로해 주지 않았습니다.

다음 날 아침이 밝았습니다.

겨우 정신을 차린 판다가 큰 소리로 말했습니다.

"우린 한 가족이 아니야. 나는 판다, 너는 코끼리일 뿐이야!"

동물들도 판다의 말에 고개를 끄덕였습니다.

여름이 되었습니다.

아름 동물원은 밤에도 문을 열었습니다. 그래서 밤 늦도록 사람들이 들끓었습니다.

아람 동물원 동물들은 지칠 대로 지쳤습니다.

밤 12시가 훨씬 지났을 때였습니다.

백호의 집 쪽에서 불길이 확 솟았습니다.

"불이야! 불이야!"

앵무새가 큰 소리로 외쳤습니다.

"아가야, 빨리 도망가자!"

엄마원숭이가 아기원숭이를 등에 업었습니다.

기린은 벌써 저만치 도망을 갔습니다.

그 때였습니다.

큰곰이 위엄 있는 목소리로 말했습니다.

"여긴 우리의 집이야! 우리의 집이니까 우리가 지켜야 해!"

"큰곰의 말이 맞아!"

모두 양동이를 들고 호수로 달려가 물을 떠 왔습니다.

"영차! 영차!"

동물들은 다 함께 힘을 합쳐 불을 껐습니다. 그러자 금방 불길이 잡혔습니다.

"고마워! 너희들이 아니었으면 난 불에 타서 죽었을 거야!"

백호가 말했습니다.

"너만 불에 타는 게 아니야. 만일 불을 끄지 않았다면 우리 모두 불에 타 죽었을 거야."

"맞아! 맞아!"

불이 난 후로 아름 동물원 동물들은 서로 미워하지 않았습니다. 물론 잘난 척도 하지 않았습니다.

💙 불이 났을 때 큰곰은 뭐라고 말했나요?

'협동'은 서로 힘을 합친다는 말입니다. 아무리 쉬운 일이라도 혼자 하는 것보다 여럿이 같이 하면 힘도 덜 들고, 빨리 끝납니다.

우리는 혼자 살 수 없습니다. 힘을 보태고 도와야 잘 살 수 있습니다.

명언 한 마디

군자는 덕을 생각하나 소인은 땅을 생각하고, 군자는 법을 생각하나 소인은 은혜받기를 생각한다. - 공자 -

대장부는 대범하여 고생을 두려워하지 않습니다. 오히려 그 고생을 바탕으로 훌륭한 지도자가 됩니다. 반면에 졸장부는 자신의 편안함과 특혜받기만을 생각합니다. 만일 우리 사회에 졸장부가 많이 있다면 사회의 발전은 기대하기 힘들 것입니다. 졸장부가 아닌 대장부가 되도록 마음과 몸을 쓰는 사람이 되어야겠습니다.

종 치는 작은 새

아주 오랜 옛날 어느 마을에 예쁜 아가씨가 살고 있었습니다.

이 아가씨는 외동딸이었습니다. 그래서 부모님이 아주 귀하게 길렀습니다.

아가씨는 귀한 집 딸답지 않게 일을 잘 하였고 마음씨도 착했습니다. 그러나 한 가지 흠이 있었습니다.

그건 늦잠을 자는 나쁜 습관이었습니다.

"애야, 그만 일어나거라!"

아침이면 아버지, 어머니가 노래를 불렀습니다. 그래도 아가씨는 쿨쿨 잠을 잤습니다.

아가씨 나이가 스물을 넘어섰습니다.

예쁘기로 소문난 아가씨라 여기저기서 며느리로 삼겠다고 야단이었습니다.

아가씨의 부모님은 좋은 신랑감을 고르느라 머리가 아플 지경이었습니다. 그러다가 정말 좋은 신랑감을 찾았습니다.

신랑이 될 사람은 인물 좋고 성실하기로 소문난 부잣집 아들이었습니다. 아가씨는 신랑감이 마음에 들어 곧 결혼을 하였습니다.

그런데 문제가 생겼습니다. 시부모님과 신랑은 하인들보다 새벽 일찍 일어나 일을 하는 습관이 있었습니다.

시부모님과 남편은 날마다 첫닭이 울면 어김없이 일어났습니다. 그리고는 남들이 잠잘 때에도 많은 일을 하였습니다.

아가씨는 이런 줄도 모르고 해가 높이 떠오를 때까지

💙 아가씨는 어떤 나쁜 습관을 가지고 있었나요?

늦잠을 잤습니다.

어느 날 보다못한 시어머니가 아가씨를 불렀습니다.

"얘야, 우리가 이렇게 부자가 된 것은 남보다 부지런했기 때문이란다. 너 같은 잠꾸러기가 어떻게 우리 집 재산을 지키겠느냐? 너희 집에 돌아가서 늦잠 자는 습관을 고친 다음 다시 돌아오너라. 그렇지

않으면 우리 집에 올 생각을 하지 말아라."

시어머니의 말은 엄격하고 단호했습니다. 아가씨는
울면서 집으로 돌아왔습니다.

친정 어머니의 걱정이 이만저만이 아니었습니다. 무
언가 깊이 생각하던 친정 어머니가 말했습니다.

"어서 시집으로 돌아가거라. 그리고 새벽마다 '댕
그랑, 댕그랑' 하고 종 소리가 나면 빨리 일어나야
한다."

아가씨는 시집으로 돌아왔습니다.

그 날 밤부터 아가씨는 깊은 잠을 잘 수가 없었습
니다. 자다가 깨고 자다가 깨기를 여러 번 하였습니
다. 그러다가 새벽녘에 잠깐 잠이 들었습니다.

"댕그랑, 댕그랑!"

아름다운 종 소리가 들려 왔습니다. 아가씨는 빨리
자리에서 일어나 세수를 하였습니다. 조금 있으니까
첫닭이 울었습니다.

"아버님, 어머님 안녕히 주무셨어요?"

아가씨의 인사를 받은 시부모님은 무척 기뻐하였습
니다.

💙 시부모님과 남편은 어떤 습관을 가지고
있었나요?

새벽마다 종 소리는 끊이지 않고 울렸습니다. 그
때마다 아가씨도 얼른 잠자리에서 일어났습니다.

"나를 위해서 꼭 종을 울려 주는 것 같아. 고맙기
도 해라."

아가씨는 종 소리가 꼭 자기를 위해 울리는 것 같
았습니다.

일 년이 지난 어느 추운 겨울날이었습니다.

심부름 갔던 하인이 나이 많은 한 아주머니를 등에

업고 와서 숨가쁘게 말하였습니다.

　"손에 종을 든 아주머니가 산중턱에 쓰러져 있었어
요."

　"아니, 어, 어머니!"

　갑자기 아가씨가 울부짖었습니다. 하인이 등에 업
고 온 사람은 다름 아닌 아가씨의 친정 어머니였습
니다.

　"어머니가 늦잠 자는 저를 깨우려고 비가 오나
눈이 오나 산에 올라가 종을 치셨군요."

♥ 친정 어머니는 왜 새벽마다 종을 쳤나요?

아가씨는 종을 손에 꼭 쥔 채 숨을 거둔 친정 어머
니를 끌어안고 눈물을 흘렸습니다.

아가씨는 친정 어머니의 장례를 정성껏 치렀습니
다. 그런데 친정 어머니의 장례를 치른 그 다음 날도
여전히 종 소리가 울렸습니다.

이상히 여긴 아가씨가 종 소리를 따라가 보았더니,
작은 새 한 마리가 나뭇가지에 앉아 울고 있었습니다.

"아, 어머니는 내가 일찍 일어나지 못할까 봐 죽어
서도 새가 되어 종을 치시는구나!"

아가씨는 어깨를 들먹이며 엉엉 소리내어 울었습
니다.

'습관'이란 버릇과 같은 뜻으로, 몸에 배면 고치기가 어렵습니다.
그러므로 나쁜 습관은 일찍 고쳐야 합니다.

어리석은 농부

한 마을에 농부가 살았습니다.

이 농부는 신령님을 극진히 믿었습니다. 그래서 무슨 일이 있으면 언제나 신령님께 기도를 드리며 도와 주기를 간청하였습니다.

어느 해 여름이었습니다.

농부는 달구지에 짐을 잔뜩 싣고 이웃 마을까지 가게 되었습니다.

날씨가 얼마나 더운지 가만히 있어도 온몸에서 땀이 줄줄 흘렀습니다. 달구지를 끌고 가는 소도 헉헉거렸습니다.

농부는 달구지 위에 올라앉아 채찍을 휘둘렀습니다.

"이랴이랴! 빨리 가자!"

달구지가 힘겹게 굴러갔습니다.

들판을 지났습니다. 이윽고 저 멀리 개울이 보였습니다.

"저 개울만 지나면 된다. 빨리 가자, 빨리 가. 이랴!"

농부는 한시라도 빨리 이웃 마을에 도착하고 싶었습니다. 그래서 더 급하게 소를 향해 채찍을 휘둘렀습니다.

달구지가 개울까지 왔습니다.

소가 걸음을 멈추더니 물을 먹기 시작하였습니다.

농부는 화가 났습니다.

"물은 나중에 먹어도 되잖아? 나도 목이 마른데 참는단 말이야. 이랴!"

소가 마지못해 엉거주춤 앞으로 나아갔습니다.

💙 농부는 어떤 사람이었나요?

그런데 잘못하여 달구지 바퀴가 수렁에 빠지고 말았
습니다.
　소가 힘을 썼지만 바퀴는 더 깊이 빠지기만 할 뿐
이었습니다.

보다못한 농부가 달구지에서 뛰어내렸습니다.

농부는 개울가에 무릎을 꿇고 앉아 두 손을 모았습니다. 그리고 간절한 마음으로 기도를 하기 시작하였습니다.

"신령님, 제발 바퀴를 뺄 수 있는 큰 힘을 소에게 주십시오."

농부는 빌고 또 빌었습니다.

시간이 한참 지났습니다. 그러나 소는 꼼짝도 하지 않고 제자리에 서 있기만 할 뿐 달구지를 끌려고 하지 않았습니다.

농부는 자기의 기도가 부족하다는 것을 깨달았습니다. 그래서 더 열심히 기도를 드렸습니다.

"신령님, 소에게 큰 힘을 주셔서 달구지를 끌고 가게 해 주십시오."

그 때였습니다.

장에 갔다 오던 이웃 마을 사람들이 이 광경을 보게 되었습니다. 사람들은 농부를 보고 피식피식 비웃었습니다.

"저 사람, 참 어리석군. 자기는 가만히 있고 신령님께 빌기만 하면 바퀴가 빠져 나올 줄 아는 모양이지?”

“그러게 말일세. 바퀴가 빠져 나올 수 있게 노력을 해 봐야지 노력을⋯⋯.”

“우리가 좀 도와 주세!”

“저런 게으른 사람을 우리가 왜 도와 주나? 신령님도 도와 주지 않는데⋯⋯.”

농부는 정신이 번쩍 들었습니다.

‘그래, 노력을 해 봐야지! 힘껏 노력을 해 본 다음 신령님께 기도해야지. 그러면 내 기도를 들어 주실지도 몰라?’

농부는 자리에서 일어났습니다.

농부는 소고삐를 잡고 힘껏 끌어당겼습니다. 그러자 소도 힘을 주었습니다.

“영차! 여영차!”

농부의 이마에 땀이 송골송골 맺혔습니다.

달구지의 뒤로 가서 힘껏 밀었습니다. 달구지에 실은 짐을 조금 내렸습니다. 그래도 어찌 된 일인지 바퀴는 빠져 나오지 않았습니다.

그 때까지 이웃 마을 사람들은 둑에 앉아 농부의

행동을 구경하고 있었습니다.
　열심히 노력하는 농부의 모습을 보자 모두들 생각
이 바뀌기 시작하였습니다.

“아무래도 우리가 좀 도와 주어야겠네. 자, 모두들 일어나세.”

마음씨 좋은 한 사람이 말했습니다.

“그렇게 하세.”

마을 사람들이 모두 힘을 합쳐 달구지를 끌어 냈습니다.

“영차! 영차!”

바퀴가 조금씩 움직이기 시작하더니 단숨에 길로 나왔습니다.

'내가 할 수 있는 일을 다한 다음에 신령님께 빌어야지. 신령님이 무턱대고 힘을 빌려 주실 리는 없지!'

농부는 이렇게 생각하며 소고삐를 힘껏 잡았습니다.

💙 마을 사람들은 처음에 왜 농부를 도와 주지 않았나요?

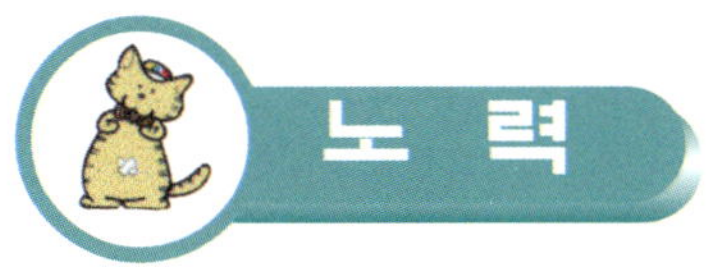

'노력'은 힘을 들이고 애를 써야 한다는 뜻으로, 이 세상에 힘 안 들이고 잘 되는 일은 그 어디에도 없습니다.

명언 한 마디!

열심히 일하는 것은 더없이 귀중한 보배이며, 정성스럽게 일하는 것은 자신을 보호하는 부적이다.　- 강태공 -

부지런히 일하고 삼가 허물이나 잘못을 적게 하는 것은 자신의 몸을 보전하는 최선의 길이라는 말입니다. 이는 곧 현명한 사람은 늘 자신의 실력을 쌓는 일에 게으르지 않으며 모든 일에 서둘지 않고 신중합니다. 그러기에 어려움에 부딪쳐도 좌절하거나 실망하지 않습니다.

개미는 부자야

햇볕이 쨍쨍 내리쬐는 어느 여름이었습니다. 딱정벌레가 나뭇잎 위에서 쉬고 있었습니다.

바람이 불었습니다. 나뭇잎이 흔들렸습니다. 딱정벌레의 몸도 덩달아 흔들렸습니다.

"아이, 재미있어! 호호……"

나뭇잎이 흔들릴 때마다 딱정벌레가 '호호호 호호호' 웃었습니다.

그 때 개미가 밀 이삭을 끌고 집으로 가고 있었습니다.

"영차! 영차!"

딱정벌레가 이 광경을 보았습니다.

"개미야, 너희들 집에 양식이 다 떨어졌는가 보구나."

개미가 허리를 톡톡 두드리며 말했습니다.

"아니야. 이건 겨울에 먹을 양식이야."

"에계계! 지금은 여름이야. 겨울이 되려면 아직도 멀었단 말이야."

"나도 알아."

"그런데 왜 벌써 겨울 양식을 준비하니?"

딱정벌레가 입을 비죽거리며 말했습니다.

"그러니까, 바보지!"

나무 위에서 매미의 목소리가 들렸습니다.

"오, 매미로구나!"

딱정벌레가 좋아하였습니다.

"우리 오늘 재미있게 놀자. 난 노래를 부르고 넌 춤을 추고."

"그래그래!"
딱정벌레와 매미는 마음이 척척 맞았습니다.
"개미야, 너도 같이 놀자. 응?"
"놀긴⋯⋯. 좀 덥긴 하지만 일하기에 좋은 날인데

뭘. 너희들도 놀지만 말고 나하고 같이 일하자. 일한 다음에 놀아도 되잖아?”
개미가 다정하게 말하였습니다. 그러자 매미와 딱정벌레가 벌컥 화를 냈습니다.
“뭐? 일하기에 좋은 날이라구? 가만히 있어도 이렇게

더운데……. 너나 실컷 일해!”

“매매맴맴 맴맴맴.”

매미가 나뭇가지에서 노래를 부르기 시작하였습니다. 노랫소리에 맞추어 딱정벌레는 나뭇잎 위에서 가볍게 춤을 추었습니다.

‘부지런히 일하지 않으면 굶어 죽기 알맞아!’

개미는 매미와 딱정벌레에게 이 말을 하고 싶었지만 꾹 참았습니다.

“영차, 영차!”

개미는 또다시 밀알을 입에 물고 바쁘게 나르기 시작하였습니다. 개미는 여름 내내 바쁘게 다니며 밀과 보리를 모았습니다. 개미의 곡식 창고에는 먹을 것이 가득 쌓였습니다.

💙 개미가 일할 때 매미와 딱정벌레는 무엇을 하였나요?

가을이 가고 겨울이 되었습니다. 차가운 겨울 바람이 쌩쌩 불었습니다.

개미는 따뜻한 집에서 맛있는 음식을 먹으며 하루하루를 즐겁게 보내고 있었습니다.

어느 날이었습니다.

아침부터 하얀 눈이 내렸습니다.

"대문 앞의 눈을 쓸어야지."

개미가 비를 들고 밖으로 나왔습니다.

쓱싹쓱싹……. 열심히 비질을 하고 있었습니다.

그 때였습니다.

목에 붕대를 감은 매미가 이 쪽으로 오고 있었습니다. 그 옆에는 딱정벌레가 다리를 절뚝절뚝 절며 걷고 있었습니다. 개미가 반가운 얼굴로 인사를 하였습니다.

"아이구, 오랜만입니다. 또 노래와 춤을 추러 가십니까?"

"아닙니다. 배가 고파 먹을 것을 구하러 다니는 길입니다."

매미가 힘없는 목소리로 말하였습니다.

"저런저런……. 이 추위에 먹을 것이 어디 있습니까? 여기가 우리 집입니다. 어서 안으로 들어가시지요."

개미는 매미와 딱정벌레를 데리고 집안으로 들어갔습니다. 그리고 맛있는 음식을 잔뜩 내놓았습니다.

"미, 미안합니다. 우리도 여름에 놀지 말고 열심히 일을 했어야 하는 건데……."

"여름에 당신을 보고 비웃은 우리를 용서해 주십시오."

매미와 딱정벌레는 부끄러워 고개를 들지 못하였습니다.

💙 따뜻한 음식을 주는 개미를 보고 매미와 딱정벌레는 무엇을 깨달았을까요?

'근면' 은 부지런함, 또는 부지런히 일한다는 뜻입니다. 부지런한 사람은 부자가 될 수 있지만, 게으른 사람은 무슨 일이든 잘 이룰 수가 없습니다,

두 개의 그릇

두 개의 그릇이 있었습니다.

하나는 은으로 만든 그릇이었고, 다른 하나는 사기로 만든 그릇이었습니다.

은그릇은 모양도 예뻤지만 그릇에 새겨진 무늬도 멋졌습니다.

주인 아주머니는 은그릇에 음식 담기를 좋아하였습니다. 손님들이 오면 언제나 은그릇에 음식을 담아 냈습니다.

"정말 멋진 그릇이어요. 이런 그릇에 음식을 담아 먹으니까 더 맛있는 것 같아요."

"맞아요. 보기만 해도 배가 불러요."

은그릇은 사람들을 위해 좋은 일을 하고 있다고 생각하니 기분이 좋았습니다.

사기 그릇은 아주 볼품이 없었습니다.

주인 아주머니는 사기 그릇을 푸대접하였습니다.

반갑지 않은 손님이 오면 사기 그릇에 음식을 담아 주었습니다.

주인 아주머니는 사기 그릇을 거칠게 씻었습니다. 그래서 딱 한 군데 이가 빠졌습니다.

"차라리 깨졌으면 버리기라도 하지!"

주인 아주머니는 사기 그릇을 씻을 때마다 이렇게 투덜거렸습니다.

하루는 주인 아주머니가 사기 그릇에 고구마를 담아 식탁에 놓아 두었습니다.

"넌 정말 볼품이 없구나. 그러니까 주인 아주머니가 널 싫어하는 거야. 나를 좀 보렴. 얼마나 색깔이

은은하고 모양이 예쁘니? 사실 난 이 집에 있기가
아까운 몸이야. 임금님이 계신 궁궐 식탁 위에 있
어야 하는데……."
은그릇이 뻐기며 말하였습니다. 사기 그릇은 부끄
러워 아무 말도 못했습니다.

♥ 사람들은 왜 사기 그릇을 푸대접하였을까요?

저녁때가 되었습니다.
주인 아저씨가 상기된 얼굴로 돌아왔습니다.
"여보, 내일 우리 집에서 잔치를 열기로 했다오. 유
명한 사람들이 오니까, 맛있는 음식을 많이 만들어
대접해요."
"걱정하지 마세요. 내 음식 솜씨는 소문이 났잖아
요?"

주인 아주머니가 기쁨에 들뜬 목소리로 대답했습니다.

"이 사기 그릇은 버려요. 사람들이 이 그릇에 담긴 음식은 쳐다보지도 않을 테니까!"

주인 아저씨가 사기 그릇을 보고 말하였습니다.

'난 참 처량한 신세가 되었군. 나도 은으로 만들어졌다면 이런 슬픈 일은 당하지 않을 텐데…….'

사기 그릇은 자기의 신세가 너무나 불쌍하다는 생각이 들었습니다.

"안 그래도 버리려던 참이었어요."

주인 아주머니는 사기 그릇을 대문 앞 쓰레기통

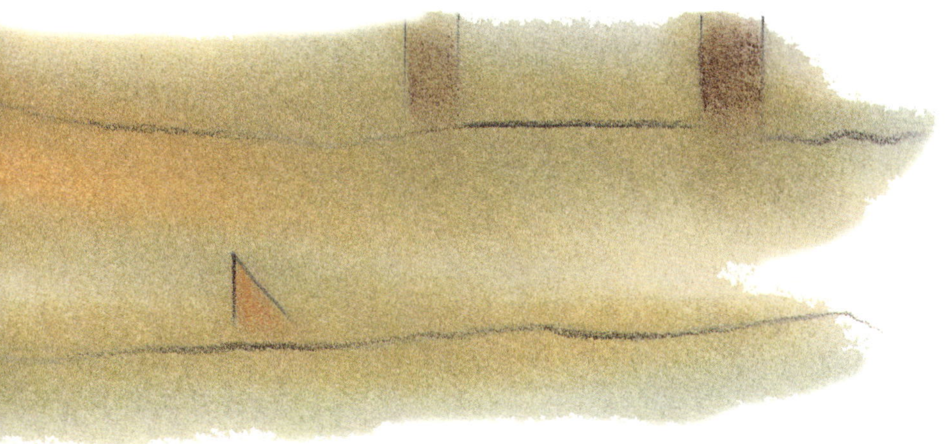

💙 사기 그릇은 왜 스스로를 불쌍하다고 생각하였습니까?

옆에 버렸습니다.

'은그릇은 얼마나 좋을까? 볼품 없는 나는 아무 쓸모가 없어.'

사기 그릇은 골목을 바라보며 쓸쓸히 중얼거렸습니다.

날이 어두워지기 시작하였습니다. 사람들의 발길도 점점 뜸해졌습니다.

일을 끝내고 집으로 돌아가던 어떤 아이가 사기 그릇을 보았습니다.

"얼마든지 쓸 수 있는 그릇을 버렸네!"

아이는 그릇을 주워 자기 집으로 가지고 갔습니다. 아이는 사기 그릇을 깨끗이 씻어 찬장 안에 소중하게 넣었습니다.

사기 그릇이 간 집은 아주 초라했습니다. 작은 방에 아버지, 엄마, 아이, 동생 이렇게 네 식구가 살고 있었습니다.

찬장에 들어 있는 몇 안 되는 그릇도 하나같이 볼품이 없었습니다.

'지금쯤 은그릇에는 얼마나 맛있는 음식이 담겨져

있을까? 아마 은그릇을 보며 사람들은 침이 마르도록 칭찬을 아끼지 않을걸!’

사기 그릇은 사람들의 사랑을 받는 은그릇이 너무나도 부러웠습니다.

식구들이 모두 일터에서 돌아온 모양입니다.

아버지는 방을 쓸었습니다. 엄마는 저녁 준비를 하였습니다. 아이는 걸레질을 하였습니다.

이윽고 저녁 밥상이 차려졌습니다. 밥상은 매우 초라했습니다. 그러나 네 식구는 즐겁게 식사를 하였습니다.

“새 그릇에 밥을 담아 먹으니까 더 맛있어요!”

“그래? 그거 참 좋은 일이구나.”

가난한 사람들이지만 마음이 따뜻하였습니다.

가족들의 이야기를 듣고 있노라니 참으로 오랜만에 느껴 보는 행복한 시간이었습니다. 사기 그릇은 차츰 기분이 좋아졌습니다.

이런 착한 사람들이 먹을 음식을 자기가 담고 있다고 생각하니 저절로 신이 나기 시작하였습니다.

♥ 가난한 집에 온 사기 그릇이 신이 난 이유는 무엇입니까?

'봉사'란, 남의 뜻을 존중하며 섬긴다는 말입니다. 남을 위하여 자신을
돌보지 않는 사람을 '봉사 정신이 뛰어난 사람'이라고 합니다.

명언 한 마디!

풍족함을 알면 즐거울 것이요, 욕심이 많으면 근심이 있다.

- 명심보감 -

자기의 분수에 맞추어 만족을 느끼면 마음이 즐겁고 온전한 삶을 누리지만, 만족을 모르고 욕심을 부리면 근심 걱정이 떠나지 않는다는 말입니다. 아니, 오히려 패가망신하는 일이 있으니 조심할 일입니다. 남을 위해 일할 줄 아는 마음 그것이 곧 자신의 삶을 건강하게 살찌우며 행복하게 살아가는 방법이기도 합니다.

길 잃은 송아지

"여보, 밖으로 좀 나와 봐요."
목장에서 일하던 아버지가 엄마를 불렀습니다.
엄마는 창문으로 밖을 내다보았습니다.
"간밤에 우리 목장에 길 잃은 송아지가 한 마리 들
어왔어."
아버지가 손으로 나팔을 만들어 소리쳤습니다.
"내가 봐야겠어요."

엄마는 털이 곱슬곱슬한 귀엽고 작은 송아지의 모습을 그리며 목장으로 달려갔습니다.

길 잃은 송아지는 귀여운 다른 송아지들과 함께 여물을 먹고 있었습니다.

"에계계! 저 송아지예요?"

엄마는 실망스런 목소리로 말했습니다.

길 잃은 송아지는 정말 볼품이 없었습니다. 비쩍 마른데다가 몸뚱이와 다리가 굽었습니다.

몸도 무척 더러웠습니다. 어디를 돌아다녔는지 여기저기 상처가 나 있었습니다. 코에는 선인장 가시까지 박혀 있었습니다.

"내가 본 송아지 중에서 제일 못생겼어요. 말라깽이에다 저 지저분한 털북숭이까지……"

엄마는 정이 가지 않는 모양이었습니다.

"그래도 가시는 뽑아 주어야겠어요. 약도 좀 발라 주고요."

"나는 주사를 좀 놓아 주어야겠군."

아버지와 엄마는 갑자기 바빠졌습니다.

엄마는 코에 박힌 선인장 가시를 뽑아 주었습니다.

깨끗이 목욕도 시켰습니다. 그리고 따뜻한 우유를 먹여 주었습니다.

  길 잃은 송아지는 기분이 좋은 듯 두 눈을 감고 있었습니다.

“토요일까지만 주인을 기다려 봅시다. 그래도 주인이 나타나지 않으면 팔아야지.”

“그렇게 하세요. 그 때까지는 우유를 먹여야겠군요.”

엄마는 시간에 맞춰 송아지에게 우유를 먹였습니다. 길 잃은 송아지는 엄마가 보이기만 하면 멀리서 달려왔습니다. 엄마를 자기 엄마로 생각하는 모양인지 졸졸 따라다녔습니다.

엄마도 점점 길 잃은 송아지가 좋아졌습니다.

길 잃은 송아지는 장난꾸러기였습니다. 물이 가득 담긴 물통을 발로 차는가 하면 울타리를 뛰어넘다가 다리를 다치기도 하였습니다.

금요일이 되었습니다.

“내일 갖다 팔아야겠소.”

아버지의 말에 엄마는 가만히 있었습니다. 길 잃은 송아지가 집에 없으면 허전할 것 같은 생각이 들었습니다.

그 날 낮이었습니다.

길 잃은 송아지가 풀밭에서 놀다 그만 방울뱀에게 물리고 말았습니다. 송아지의 얼굴이 퉁퉁 부어 올랐

💙 엄마는 처음에 왜 송아지를 싫어했나요?

습니다.
  엄마는 송아지의 얼굴에 얼음 주머니를 얹어 주었습니다. 아버지는 방울뱀의 독을 빼기 위해서 해독제 주사를 놓아 주었습니다. 아버지와 엄마는 늦게까지 길 잃은 송아지를 돌보아 주었습니다.
  아침이 되었습니다.

엄마는 아침 준비를 하고 있었습니다.

그 때, 길 잃은 송아지가 우리에서 나와 집으로 왔습니다.

"음매애!"

길 잃은 송아지가 큰 소리로 울었습니다.

"아니, 이게 무슨 소리야?"

💙 송아지가 방울뱀에게 물렸을 때 아버지와 엄마는
어떻게 송아지를 돌보아 주었나요?

송아지 울음소리를 듣고 엄마가 밖으로 나왔습니다. 그러자 송아지가 엄마를 향하여 성큼성큼 걸어왔습니다.

"오라! 네가 나를 찾아왔구나!"

엄마가 송아지의 목을 꼭 껴안았습니다. 그 모습을 본 아버지가 벙긋 웃으며 말했습니다.

"자, 그럼 송아지를 팔러 가 볼까?"

"안 돼요."

엄마는 송아지를 더 힘차게 끌어안았습니다.

♥ 엄마는 왜 송아지를 팔지 못하게 하였나요?

'사랑'이란 아끼고 위하며 온갖 정성을 다하는 마음입니다.
이 세상에서 가장 귀중한 것이 사랑이라고 합니다.

그래도 동생과 어머니는
형을 찾아 헤매고 있습니다.

홈런 왕 베이브 루드

베이브 루드는 미국의 유명한 야구 선수입니다. 그는 살아 있을 때 홈런을 자그마치 714개나 쳐서 사람들을 놀라게 하였습니다.

루드가 어렸을 때, 아버지는 작은 술집을 경영하고 있었습니다.

술집에는 술을 먹고 나쁜 행동을 하는 어른들이 많았습니다.

어른들은 다정하게 술을 먹다가도 친구들과 싸웠습니다. 그릇도 집어던졌습니다. 유리창도 깨고 고래고래 고함도 질렀습니다.

루드는 이런 어른들만 보고 자랐습니다. 그래서 그런지 친구들하고 잘 싸웠고, 책상 앞에 가만히 앉아 있지를 못하였습니다.

"루드는 문제 학생이야."

"루드는 정말 골칫거리야. 오늘도 길에서 또 싸웠다는군."

선생님들은 루드를 보고 이렇게 말하였습니다.

루드의 나이 15살이 되었습니다.

야구 게임을 본 루드는 야구가 좋아지기 시작하였습니다. 그래서 학교 야구부에 들어갔습니다.

'난 멋진 홈런을 칠 거야!'

왼손잡이인 루드는 홈런부터 치고 싶었습니다.

욕심은 일을 그르치게 하는 경우가 많습니다. 루드도 마찬가지였습니다. 실력도 없으면서 홈런을 치겠다는 욕심만 있으니 잘 될 리가 없지요.

루드의 욕심이 경기를 엉망으로 만드는 일이 많았

습니다. 보다못한 야구 감독이 화가 나서 루드에게
야단을 쳤습니다.
　"누구보다도 홈런을 많이 치고 싶으면 연습을 해야지.
넌 키가 작아서 다른 선수들보다 몇 배나 더 열심
히 참고 노력하지 않으면 안 돼!"
　루드는 정신이 번쩍 들었습니다. 야구 감독의 말이

맞았기 때문입니다.

그 날부터 루드는 온갖 어려움을 참고 이기며 공을 치기 시작하였습니다. 비가 와도 눈이 와도 연습을 하였습니다.

"루드야, 그 힘든 야구를 왜 하니?"

엄마는 고생하는 루드가 너무 불쌍했습니다. 그러면 루드는 웃으며 말했습니다.

"엄마, 내가 유명한 타자가 되려면 이까짓 고생은 아무것도 아니에요. 저 어린 나무를 보세요. 뜨거운 뙤약볕과 비바람을 이겨야 실한 열매를 맺잖아요?"

엄마는 할 말이 없었습니다.

왼손잡이인 루드는 오른손으로도 공을 쳤습니다. 그래서 왼손은 물론 오른손까지 굳은살이 생겼습니다. 나중에는 손바닥 살도 돌처럼 딱딱하게 굳어졌습니다.

마침내 어려움을 참고 노력한 보람이 있었습니다.

1915년부터 루드는 홈런을 치기 시작하였습니다.

"저 쪽에 홈런이다!"

루드는 관중에게 예고를 하고 공을 쳤습니다. 그러면

💙 루드는 야구 감독의 어떤 말에 정신이 들었나요?

틀림없이 공이 그 쪽으로 날아갔습니다.
사람들은 열광하기 시작하였습니다.
루드가 가는 곳이면 어디든지 사람들이 들끓었습니다.
루드의 모습을 본뜬 인형이 날개 돋친 듯 팔렸습니다.
♥ 루드의 손바닥에 굳은살이 왜 생겼을까요?

거리에 루드 이름을 쓴 종이가 붙었습니다.

신문과 텔레비전에 그의 얼굴이 크게 나왔습니다.
루드는 부자가 되었습니다.

루드가 500개째 홈런을 쳤을 때였습니다.

루드의 열렬한 팬인 어린이가 루드에게 물었습니다.

"아저씨, 나도 이 다음에 야구 선수가 되고 싶어요.
어떻게 하면 아저씨처럼 홈런을 칠 수 있죠?"

루드가 눈을 감고 한참 생각하더니 입을 열었습니다.

"어려움을 참고 견뎌라! 그러면 너도 나처럼 홈런
을 칠 수 있단다."

💙 루드가 성공하게 된 원인은 무엇입니까?

루드는 가난한 집에서 자랐기 때문에 가난한 사람들을 잘 이해하였습니다. 그는 가난하게 살아가는 사람들을 보면 호주머니 안에 든 돈을 몽땅 털어 주곤 했습니다. 그는 또한 전쟁을 싫어하고 평화와 인류를 사랑하는 사람이었습니다. 그래서 부상병들의 치료를 위해 전쟁 기금을 내놓기도 하였습니다.

어느 날, 루드는 큰 병으로 입원해 있는 어떤 소년을 찾아가게 되었습니다. 그 소년은 죽을 날만 기다리고 있었습니다.

루드는 이 소년의 손을 꼭 잡고 말했습니다.

"나쁜 병균과 싸워 이기려면 무조건 참고 견뎌야 한단다."

루드의 말 한 마디가 소년에게 큰 희망을 주었습니다. 소년은 아픔을 참고 견뎠습니다. 그리하여 몇 년 후 건강한 몸으로 퇴원을 하였습니다.

루드의 인내심은 그 후에도 수많은 사람들에게 삶의 희망과 용기를 주었습니다.

'인내' 는 괴로움이나 어려움을 참고 견딘다는 말입니다.
아무리 어려운 일이라도 참고 견디면 반드시 좋은 일이 생깁니다.

사과나무를 심어 놓고

계속 물을 주며

전등불도 비추어 주며

억지로는 안 됩니다. 때가 될 때까지
기다릴 줄도 알아야 합니다.

명언 한 마디!

한때의 분함을 참으면 백 날의 근심을 면할 수 있다.

- 명심보감 -

성질이 급하거나 과격하여 감정에 치우쳐 말을 함부로 하거나 일을 저지르고 나면 돌이킬 수 없는 후회와 근심을 가져올 수 있습니다. 스스로 참고 견디는 미덕을 길러 복을 불러오기에 힘쓸 일입니다.

부끄러운 선물

'아, 드디어 공부가 다 끝났다!'

최 박사는 졸업장을 가슴에 꼭 안았습니다. 이제 독일에서 한국으로 돌아가는 일만 남았습니다.

최 박사는 하루라도 빨리 한국으로 돌아가기 위하여 부지런히 짐을 쌌습니다.

최 박사가 독일에 온 지 꼭 4년이 되었습니다. 최 박사는 4년 동안 박사가 되기 위해 열심히 공부를 하였습니다.

　방학이 되어도 한국에 오지 않았습니다.

　"잠깐이라도 한국에 왔다 가렴."

　어머니께서 여러 차례 말씀하셨지만 최 박사는 못 들은 척하였습니다. 한국에 갈 비행기값이 아까웠기 때문입니다.

드디어 한국으로 출발하는 날이 되었습니다.

"할머니, 그 동안 저에게 잘 해 주셔서 정말 고맙습니다."

최 박사는 하숙집 할머니께 공손히 인사를 드렸습니다.

"당신은 모범적인 한국 사람입니다. 다시 독일에

오게 되면 꼭 우리 집에 들러요."

하숙집 할머니는 최 박사와의 이별을 무척 아쉬워하였습니다. 그러면서 작은 상자 하나를 내밀었습니다.

"할머니, 이게 뭡니까?"

"내가 당신에게 주는 선물이지."

"저는 할머니께 변변한 선물 하나 못 드렸는데……."

"원, 별 말씀을 다 하시네. 내가 주는 이 상자 속에는 좀 특별한 물건이 들어 있어요. 그러나 당신에게 아주 중요한 선물이 되리라고 생각해요."

할머니가 잠깐 말씀을 멈추었습니다.

'무슨 선물인데 이렇게 뜸을 들이시지?'

최 박사는 궁금한 마음이 들었습니다. 물끄러미 바라보던 할머니가 다시 말을 이었습니다.

"이 선물 상자는 꼭 한국에 도착한 다음에 풀어 봐요."

"네, 할머니."

최 박사는 비행기에 올랐습니다.

비행기가 하늘을 날고 있었습니다. 최 박사는 집으로

돌아가는 기쁨에 마냥 들떠 있었습니다.

문득 아까 하숙집 할머니께서 주신 선물이 생각났습니다.

'할머니께서 왜 한국에 돌아가서 풀어 보라고 하셨지?'

최 박사는 선물 상자를 꺼내 만지작거렸습니다. 생각하면 할수록 상자 안의 선물이 궁금하였습니다.

'내가 비행기 안에서 상자를 열어 보든, 한국에 가서 열어 보든 할머니는 모르실 거야.'

최 박사는 상자를 열고야 말았습니다.

'세상에!'

최 박사는 입을 크게 벌리고 말았습니다.

상자 안에는 헌 양말이 가득 담겨 있었습니다. 놀라 살펴보니 그것은 모두 최 박사가 신던 양말이었습니다.

'구멍이 나서 버린 양말들인데……'

최 박사는 어안이 벙벙하였습니다.

상자 밑바닥에 편지 한 장이 들어 있었습니다. 최 박사는 얼른 편지를 펼쳤습니다.

♥ 최 박사가 선물 상자를 열어 보고 놀란 까닭은 무엇입니까?

　— 깨끗이 빨아 꿰맸으니 한참 동안은 잘 신을 수
있을 거예요. —

최 박사는 얼굴이 확확 달아오름을 느꼈습니다.
'하숙집 할머니께서 나에게 절약이라는 공부를 가
르치셨구나! 오늘이야말로 4년 동안 공부한 것보다
더 큰 공부를 했구나!'

비행기에 탄 사람들이 헌 양말을 들고 있는 최 박사를 이상한 눈길로 바라보았습니다. 그래도 최 박사는 헌 양말을 감추지 않았습니다.

최 박사는 하숙집 할머니의 충고를 고맙게 받아들였습니다.

'할머니 말씀 꼭 잊지 않겠습니다.'

한국에 돌아온 최 박사는 대학생들을 가르치는 교수님이 되었습니다.

최 박사는 하숙집 할머니가 꿰매 준 양말을 오래도록 신고 다녔습니다.

그리고 못 쓰게 된 망가진 물건을 버릴 때마다,

'할머니, 이 물건은 아무리 손질해도 다시 쓸 수는 없습니다.'

하고 중얼거리며 하숙집 할머니의 얼굴을 그려 보았답니다.

💙 하숙집 할머니께서 최 박사에게 가르쳐 준 정신은 무엇입니까?

절 약

'절약'이란 아낀다는 말입니다. 구두쇠처럼 무조건 아끼라는 말이 아니라,
낭비하지 않고 꼭 필요한 때에만 쓰는 것을 말합니다.

누구의 말을 믿을까

어느 숲 속에 어린 밤나무가 한 그루 서 있었습니다. 그 밤나무 옆에 산딸기나무가 한껏 멋을 내고 있었습니다.

딸기나무는 오래 되었기 때문에 빠알간 딸기를 오종종 달고 있었습니다. 그러나 밤나무는 아직 어려 열매를 많이 맺지 못하였습니다.

어느 날 딸기나무가 어린 밤나무를 보며 말했습니다.

“아이구, 이 밤나무야! 열매도 많이 맺지 못하는 너를 보니까 불쌍한 생각이 드는구나!”

밤나무는 은근히 화가 났습니다.

“지금은 어리니까 그렇지요. 나중에 크면 나도 열매를 많이 맺을 거란 말이어요.”

“흥, 많이 맺으면 뭐해? 나처럼 생김새가 예쁘기를 하나, 달콤하기를 하나, 고슴도치처럼 생긴 열매면서…….”

딸기나무는 계속 어린 밤나무를 약올렸습니다. 그러자 밤나무도 지지 않고 말했습니다.

“겉은 고슴도치 같지만 속은 그렇지 않아요. 알밤이 얼마나 맛있는데요.”

그러자 딸기나무가 버럭 화를 냈습니다.

“조그만 것이 꼬박꼬박 말대답을 하네! 버르장머리 없는 것 같으니!”

“미, 미안합니다.”

밤나무는 진심으로 사과를 하였습니다.

그 때, 저 쪽에서 늑대 한 마리가 어슬렁어슬렁 걸어오고 있었습니다.

"아이, 배고파. 뭐 먹을 게 없나?"
늑대는 주위를 두리번거렸습니다.
마침 빠알간 딸기가 잔뜩 달린 딸기나무가 눈에

띠었습니다.

"맛있게 생겼는걸!"

늑대가 입맛을 다셨습니다.

늑대가 딸기나무한테 말했습니다.

"네 열매가 아주 맛있게 생겼구나. 나한테 좀 줄 수 없겠니?"

늑대의 말에 딸기나무가 아양을 떨었습니다.

"아이고 늑대님, 제 열매가 보기는 맛있게 보여도 사실은 그렇지가 않답니다. 입에 넣자마자 씀바귀처럼 쓴맛이 나서 확 뱉어 버리고 말 겁니다."

늑대는 씀바귀라는 말에 구역질이 났습니다.

"그 대신……."

딸기나무가 은근한 목소리로 말했습니다.

늑대의 눈이 반짝 빛났습니다.

"그 대신 요 앞에 서 있는 밤나무 열매를 빼앗아 드십시오. 얼마나 맛있는지 몰라요. 어머, 나도 군침이 도네."

딸기나무가 갖은 아양을 다 떨며 말하였습니다.

늑대가 밤나무 밑으로 갔습니다.

"네 열매를 먹고 싶은데, 설마 씀바귀처럼 쓴맛은
아니겠지?"
늑대가 거만하게 말하였습니다.
"물론입니다. 제 열매는 맛있습니다."
밤나무가 정직하게 말했습니다.
💙 딸기나무는 왜 늑대에게 딸기는 맛이 없다고
거짓말을 했을까요?

"으흠, 그럼 어디 먹어 볼까?"

밤나무는 밤송이 하나를 뚝 떨어뜨려 주었습니다.

가시가 달린 밤송이를 본 늑대는 화가 머리끝까지 났습니다.

"이게 맛있다고?"

늑대는 밤나무 가지를 막 흔들었습니다.

밤송이 몇 개가 늑대의 머리 위에 떨어졌습니다.
밤송이의 가시가 무척 아프고 따가웠습니다. 늑대는
더욱더 화가 났습니다.

"에잇, 이게 다 저 거짓말쟁이 딸기나무 때문이
야!"

늑대는 딸기나무를 힘껏 발로 찼습니다. 먹음직스럽
게 익은 딸기들이 후드득 떨어졌습니다.

"어디 보자. 정말 씀바귀처럼 쓴가……."

늑대는 딸기를 먹었습니다. 딸기가 입안에서 사르르
녹았습니다. 그러자 늑대의 얼굴이 환하게 펴지더니
혼자 큰 소리로 중얼거렸습니다.

"야, 이거 맛있는데!"

늑대는 신이 나서 딸기를 냠냠 따 먹기 시작하였습
니다.

♥ 밤나무가 정직하게 말했는데 늑대는 왜 화를 냈을
까요?

마음이 바르고 곧은 사람을 '정직한 사람'이라고 합니다. 거짓말을
하거나 나쁜 줄 알면서도 행하는 사람은 정직하지 못한 사람입니다.

마음이 깨끗하면 복이 온다지요.

명언 한 마디!

명언 한 마디!

남의 참외밭에서 신을 고쳐 신지 말고, 오얏나무 아래에서 갓을 고쳐 쓰지 말아라.

- 강태공 -

남의 참외밭 가에서 신발끈을 매기 위해 몸을 구부리다 보면 멀리서 이를 보는 사람은 참외를 따는 줄로 의심하게 되며, 갓을 고쳐 쓰려고 손을 위로 올리다 보면 멀리서 보는 사람은 오얏을 따는 것으로 의심을 하게 된다는 말입니다. 그러므로 남에게 오해를 받을 만한 일은 처음부터 아예 하지 말아야 한다는 뜻입니다.

이웃 사촌

숲 속 마을에 흉년이 들었습니다. 숲 속 어디에도 먹을 것이 없었습니다.

다람쥐가 도토리나무 위를 오르락내리락했지만 도토리는 하나도 달려 있지 않았습니다.

비둘기가 두 눈을 크게 뜨고 숲 속을 날아다녔지만 먹을 것을 찾지 못하였습니다.

"아이고, 배고파!"

숲 속 동물들은 모두들 기운이 없었습니다.

"여기, 콩꼬투리를 주워 왔어요."

장끼가 어디서인지 콩꼬투리를 물어 왔습니다.

"하나, 둘, 셋…… 다섯."

콩은 모두 다섯 알이었습니다.

숲 속 마을 동물들은 콩 다섯 알을 사이좋게 나누어 먹었습니다.

다른 동물들은 이렇게 고생을 하는데 먹이를 쌓아 두고 지내는 동물이 있었습니다. 그 동물은 다름 아닌 쥐였습니다.

"먹을 것이 얼마나 많은지 몰라요. 아마 한 양동이는 될걸요."

"무슨 소리……. 땅 속에 있어서 잘 안 보이긴 하지만 아마 한 가마니는 될걸!"

"우와!"

숲 속 마을 동물들은 입맛을 쩝쩝 다셨습니다.

나이가 많은 꿩 할아버지가 쥐를 찾아갔습니다.

"우리 마을 동물들이 모두 굶주리고 있네. 자네만 배불리 먹지 말고 나누어 먹도록 하게. 내년에

풍년이 들면 우리들이 다 갚아 주겠네.”

“마을 동물들이 배가 고프든 말든 나하고는 상관 없는 일이니 어서 돌아가요!”

“무슨 말을 그렇게 하나? 우린 이웃이 아닌가?”

이 소리를 들은 쥐 마누라가 기다란 막대기를 들고 부엌에서 달려나왔습니다.

“그런 쓸데없는 소리를 하려거든 우리 집에 얼씬도 하지 말아요!”

꿩 할아버지는 더 이상 아무 말도 못하고 집으로 그냥 돌아오고 말았습니다.

이 소문을 들은 토끼 아주머니는 약이 올랐습니다.

“이 흉년에 저희들끼리만 잘 먹고 살겠다니……”

토끼 아주머니도 쥐를 찾아갔습니다.

“우린 이웃 사촌입니다. 이웃도 친척처럼 가까운 사이입니다. 이웃이 굶주리고 있으면 좀 도와 주어야지요. 그래야 당신들이 어려울 때 우리들이 도울 게 아닙니까?”

“토끼 아주머니, 우리는 당신들께 도움을 받을 일이 아무것도 없어요. 괜히 시끄럽기만 할 뿐이어요.

그러니까 빨리 돌아가 줘요."
쥐 아주머니가 쌀쌀하게 말했습니다.
쥐 아저씨도 거들었습니다.
"우린 이웃이 필요 없어요. 이웃이 없어도 잘 살아
갈 수 있어요."
토끼 아주머니는 인정머리 없는 이들에게 더 이상
말을 하고 싶지가 않았습니다. 그래서 문을 꽝 닫고
나와 버렸습니다.

♥ 쥐 아저씨는 이웃의 어려움을 보고 어떻게 했
나요?

가을이 가고 겨울이 지나갔습니다. 그리고 다시 가을이 되었습니다.

올해는 작년과는 달리 풍년이었습니다.

숲 속 마을 동물들은 기쁜 얼굴로 가을을 보내고 있었습니다.

“우르릉 쾅쾅!”

어느 날 갑자기 태풍이 찾아왔습니다.

천둥이 치고 번개가 번쩍거렸습니다. 장대비가 온
종일 좍좍 내렸습니다.

“집 단속 잘 해요. 바람에 날려가지 않게.”

숲 속 마을 동물들은 서로서로 도와 가며 집을 손
질했습니다.

홍수가 나서 흙탕물이 콸콸 흘러 넘쳤습니다. 그
바람에 쥐 아저씨네 집이 둥둥 떠내려가기 시작하였
습니다.

“우리 집이 떠내려가요! 도와 주세요!”

쥐 아저씨와 아주머니가 겁에 질려서 고함을 질렀습니다.

멧돼지 아저씨가 코방귀를 끼었습니다.

"고소하다! 고소해!"

까마귀 아저씨도 고개를 흔들었습니다. 이 광경을 본 꿩 할아버지가 혀를 차며 말했습니다.

"쯧쯧! 이웃의 어려움을 보고, 나 몰라라 하면 안 되지. 모두들 나와요, 나와!"

꿩 할아버지가 숲 속 마을을 돌아다니며 동물들을 불러 냈습니다.

"영차, 영차!"

모두모두 힘을 합쳐 쥐 아저씨네 집을 새로 고쳤습니다.

"이거 원 미안해서……."

쥐 아저씨가 연신 머리를 숙였습니다. 쥐 아주머니도 숲속 동물들에게 진심으로 사과하였습니다.

아름다운 숲 속 마을에 즐거운 박수 소리가 메아리되어 멀리멀리 울려 퍼졌습니다.

💙 숲 속 마을 동물들이 떠내려가는 쥐 아저씨의 집을 보고 왜 도와 주려고 하지 않았습니까?

이웃 사랑

가까운 곳에 사는 사람을 이웃이라고 합니다, 우리는 이웃 사람들이 있기 때문에 외롭지 않게 살아갈 수 있습니다,

누가 그랬을까

은성이 아빠는 큰 공장의 사장님이십니다.

그 공장에서는 하루에도 말할 수 없이 많은 양의 폐수가 나옵니다.

폐수는 공장에서 사용하고 난 못 쓰게 된 물이랍니다. 폐수 속에는 사람 몸이나 동식물에 해로운 화학 물질이 들어 있습니다.

폐수로 오염된 물을 먹으면 사람이나 가축이나

물고기 심지어 식물까지도 병들거나 죽습니다. 그래서 나라에서는 폐수를 버리지 못하도록 법으로 만들어 놓았습니다.

공장에서는 사용하고 난 폐수를 깨끗한 물로 바꾸어서 버려야 합니다. 그렇게 하려면 돈이 아주 많이 든답니다.

♥ 폐수는 무엇을 오염시킵니까?

　내일 장대비가 내린다는 뉴스가 텔레비전에서 나왔습니다.
　"사장님, 폐수를 어떻게 할까요?"
　공장장이 물었습니다.
　"어떻게 하지?"
　은성이 아빠가 뒷짐을 지고 사무실 안을 왔다갔다 하였습니다.

"사, 사장님, 좋은 생각이 있습니다. 내일 비가 올 때 슬쩍 하수구로 내려 보내면……."

공장장이 두 손을 비비며 말했습니다. 아빠는 얼른 결정을 내리지 못했습니다.

"글쎄요?"

은성이 아빠는 집으로 돌아왔습니다.

은성이가 아빠를 기다렸다는 듯이 반갑게 인사했습니다.

"오호, 귀여운 내 딸!"

아빠가 은성이를 번쩍 안아 올렸습니다.

깊은 밤이었습니다.

"아빠! 아빠!"

은성이가 가냘프고 슬픈 목소리로 아빠를 불렀습니다. 은성이는 우주인처럼 옷을 입고 입에는 산소 마스크를 썼습니다. 산소 마스크의 아래턱에는 가늘고 긴 호스가 달려 있었습니다.

옷이 무거워서 아빠를 봐도 재롱을 부릴 수가 없었

습니다. 아빠는 은성이가 너무 가여워 얼굴에 걱정이 가득하였습니다.

"은성아! 아빠가 옷을 벗겨 줄게. 그 답답한 마스크도 벗겨 줄게."

아빠가 두 손을 벌리며 은성이에게로 다가가며 말했습니다.

"아빠 안 돼요. 산소 마스크를 벗기면 공기가 나빠서 숨을 쉴 수가 없어요. 물도 오염되어서 이 고무 호스로 깨끗한 물을 먹어야 해요."

"저런, 저런!"

아빠가 안타까운 몸짓으로 팔을 내저으며 신음 소리를 냈습니다.

"이건 모두 아빠 잘못이어요!"

은성이가 싸늘하게 말했습니다.

"난, 아니다! 은성아, 아빠 잘못이 아니야!"

아빠가 두 손을 흔들며 소리쳤습니다.

은성이가 멀리 달아났습니다.

아빠는 은성이의 이름을 부르며 정신 없이 뒤쫓아 갔습니다.

"아빠는 늦잠꾸러기!"

은성이가 아빠의 코를 비틀었습니다. 아빠는 깜짝
놀라 자리에서 일어났습니다.

꿈이었습니다. 꿈이어서 다행이었습니다.

♥ 환경이 오염되면 우리는 어떻게 되겠습니까?

아빠는 서둘러 공장으로 전화를 걸었습니다. 그리고 큰 소리로 명령하듯 말했습니다.

"돈이 아무리 많이 들더라도 폐수를 깨끗한 물로 바꾸어서 버려요!"

"장대비가 쏟아질 때 살짝 버리면 아무도 모르는데요?"

공장장이 말했습니다. 그러자 아빠의 목소리가 커졌습니다.

"이 사람아, 폐수를 버리면 누가 그 물을 먹게 되는 줄 아나? 내가 먹고 자네가 먹고 우리 은성이가 먹는 거야. 그래도 버릴 텐가?"

"아, 아닙니다, 사장님!"

아빠가 '찰칵' 하고 전화를 끊었습니다. 빙그레 웃더니 은성이를 팔로 꼭 껴안으며 말했습니다.

"우리 은성이가 마음놓고 뛰어 놀아야지!"

밖에서는 장대비가 노래를 하듯 '쫙쫙' 내리고 있었습니다.

우리를 둘러싸고 있는 모든 것을 환경이라고 합니다. 우리는 환경을 떠나서는 살아갈 수 없으므로 환경을 잘 가꾸고 보호해야 합니다.

안전한 생활을 하려면 환경이 좋아야지요.

명언 한 마디!

급히 서둘지 말고 작은 이득을 꾀하지 말라. 급히 서둘면 철저하지 못하고, 작은 이득에 눈이 어두우면 큰 일을 이루지 못한다.

-공자-

무슨 일이든 서두르다 보면 실수를 하게 됩니다. 또, 자기 욕심만 채우다가는 결국 자기 인생을 망가뜨리는 경우가 많습니다. 남을 이해하는 여유롭고 큰 마음으로 살아가는 지혜를 가져야겠습니다.

우리는 하나

좌좍, 우르릉, 번쩍번쩍!

천둥이 울고 번개가 시끄럽게 쳐댔습니다. 장대비가 열 밤도 넘게 왔습니다.

비가 더 많이 오자 마침내 계곡물이 제멋대로 흘러가기 시작하였습니다.

물살이 아주 셌습니다.

바람이 큰 나무를 넘어뜨렸습니다. 물살에 흙이

떠내려가 바위도 데굴데굴 길 아래로 굴러갔습니다. 웅덩이도 여기저기 파였습니다.

겨우 비가 멎더니 이윽고 쨍쨍 햇볕이 났습니다.

숲 속 마을 동물들은 갑자기 바빠졌습니다. 어치 아줌마는 비에 젖은 둥지를 말리느라 정신이 없었습니다.

젊은 쥐 부부는 폭삭 썩어 버린 음식을 갖다 버리느라 땀을 뻘뻘 흘렸습니다.

힘이 센 동물들은 쓰러진 나무를 치우느라 낑낑거렸습니다. 그러나 아기곰, 아기토끼, 아기노루는 나가 노느라 바빴습니다.

아기쥐 형제가 까불거리며 마을 어귀로 놀러 나왔습니다.

마을 어귀에는 전에 없던 웅덩이가 하나 생겼습니다. 웅덩이에는 물이 가득 괴어 있었습니다.

"누가 여기에 웅덩이를 파 놓았지?"

"누군 누구야, 심술쟁이 비 아저씨지!"

"비 아저씨가 우리를 위해서 파 놓으셨구나!"

"우리 여기서 놀자!"

“그래, 그래.”

아기쥐들이 물웅덩이에 나뭇잎을 띄우며 놀았습니다. 한참 재미있게 놀고 있는데 저 쪽에서 아기토끼가 알밤을 먹으며 오고 있었습니다.

“우리 숨어서 아기토끼를 놀라게 해 주자.”

“애, 아기토끼가 저 웅덩이에 폭 빠졌으면 좋겠다. 히히…….”

♥ 누가 웅덩이를 파 놓았습니까?

“정말 그랬으면 좋겠다!”

아기쥐들은 얼른 나무 뒤로 숨었습니다.

“아, 맛있다!”

아기토끼는 냠냠 알밤을 먹으며 웅덩이 쪽으로 걸어왔습니다.

“엄마아!”

아기토끼가 웅덩이에 그만 빠지고 말았습니다.

“엄마아!”

“헤헤헤……”

아기쥐들이 배꼽을 잡고 웃었습니다.

아기토끼의 비명을 들은 엄마토끼가 달려왔습니다.

“너희들이 그랬구나?”

“아, 아니에요.”

엄마토끼는 아기토끼를 데리고 집으로 가 버렸습니다. 엄마토끼에게 야단을 맞은 아기쥐들도 툴툴거리며 집으로 돌아갔습니다.

그 후로 매일매일 웅덩이에 빠지는 동물들이 많았습니다.

사슴 아저씨가 나무를 해 오다 빠졌습니다. 아기다

람쥐가 나뭇가지를 타고 놀다가 웅덩이 속으로 곤두
박질쳤습니다.

그럴 때마다 숲 속 동물들은

"어머머, 누가 여기에 웅덩이를 파 놓았지? 조심해
서 다녀야겠는걸!"

하고 말할 뿐이었습니다.

어느 날, 병석에 누워 있던 곰 할아버지가 밖으로

♥ 숲 속 마을 동물들은 웅덩이에 빠질 때마다 어떻게
생각하였습니까?

나왔습니다.

"아이구, 할아버지 이제 건강해지셨군요!"

마을 동물들이 모두 기뻐하였습니다.

곰 할아버지도 기분이 좋았습니다. 곰 할아버지는 천천히 걸어 마을 어귀까지 산보를 나왔습니다.

이윽고 곰 할아버지 앞에 물이 괴어 있는 웅덩이가 나타났습니다.

"지난번 비 때문에 웅덩이가 생겼구먼. 지나다니다가

빠지기라도 하면 큰일이지."

곰 할아버지는 집으로 돌아가 다시 삽을 가지고 웅덩이로 갔습니다.

"영차! 영차!"

곰 할아버지는 삽으로 흙을 떠서 웅덩이를 메우기 시작하였습니다.

아들곰이 깜짝 놀라 달려왔습니다.

"아이구 아버지, 이제 겨우 완쾌되셨는데…… 그냥 놔 두세요."

"그냥 놔 두다니? 우리 마을 동물들이 지나다니다가 다치잖아?"

"우리 식구만 안 다치면 되지요."

"허허, 말하는 것 보게. 우리 식구만 우리가 아니야. 우리 숲 속 동물 가족이 모두 다 하나야! 그러니까 그 누구도 다치면 안 되는 거야!"

아들곰은 부끄러워 얼굴을 들지 못하였습니다.

♥ 곰 할아버지는 왜 웅덩이를 흙으로 메꾸었나요?

우리 사회는 여러 사람이 모여 사는 공동 사회입니다. 그러므로 이웃의
고마움을 알고 서로 돕고 아끼는 마음을 가지고 살아야 합니다.

꽃보다 예쁜 마음

초판 1쇄 인쇄 | 2005년 6월 20일
초판 5쇄 발행 | 2012년 5월 10일

기획 | 청소년인성문고편찬회
글 | 김종상 소중애 송재찬 엄기원 정영애 홍기
그린이 | 이규경
표지디자인 | 강대현

펴낸이 | 조병철
펴낸곳 | 한국독서지도회
등   록 | 1997년 4월 11일 (제10-1425호)
주   소 | 경기도 고양시 일산동구 장항동 580
TEL | 031-908-8520
FAX | 031-908-8595
홈페이지 | www.homebook.kr

✽ 이 책의 내용이 일부 또는 전부를 사용하려면 반드시
저작권자의 동의를 얻어야 합니다.
✽ 책값은 뒤표지에 있습니다. 잘못된 책은 바꿔 드립니다.